DOCUMENTS

POUR SERVIR

A

L'HISTOIRE MILITAIRE

DE

LA VILLE DE BERGUES

ET DU PAYS ENVIRONNANT

DOCUMENTS

POUR SERVIR

A

L'HISTOIRE MILITAIRE

DE

LA VILLE DE BERGUES

ET DU PAYS ENVIRONNANT

(1566-1668)

TRADUITS ET PUBLIÉS PAR A. BONVARLET.

DUNKERQUE.

Typographie D'HUBERT, rue Neuve, 44.

1860.

A Monsieur le comte de R...

Permettez-moi de vous offrir quelques notes sur les différentes garnisons de Bergues pendant la domination des Espagnols dans les Pays-Bas et sur les faits militaires qui se sont accomplis dans cette ville pendant la même période.

Ces documents, qui ont un grand cachet d'authenticité, puisqu'ils sont puisés dans les comptes de la ville de Bergues, pourront être utiles aux écrivains qui s'occuperont de l'histoire de l'armée de votre nation.

Je ne saurais, en les publiant, m'attribuer aucun mérite, car je n'ai eu qu'à les traduire du flamand (*) après les avoir extraits des manuscrits d'un savant magistrat, qui a consacré les loisirs de toute sa vie à recueillir des matériaux pour servir à l'histoire de son pays natal.

Pendant votre séjour à Dunkerque, lors de la session du Congrès archéologique, je vous avais promis de vous donner, en manuscrit, les notes que je livre aujourd'hui à l'impression; bien que je connaisse trop votre indulgence pour ne pas me croire, dès à présent, tout excusé, je me sens tenu à

(*) On verra même que pour ne pas en altérer la physionomie, je n'ai pas cru devoir en modifier le style.

vous présenter quelques mots de justification. En publiant ainsi des notes, trop incomplètes, d'ailleurs, pour permettre de suivre sans interruption, les mouvements des troupes espagnoles dans la ville et la châtellenie de Bergues, j'ai cru que mon exemple pourrait être suivi par des érudits plus autorisés que moi. D'autres amis de notre Flandre voudront, sans doute, parcourir le même sentier et élargir la voie, au moyen de recherches consciencieuses dans nos vieilles archives municipales.

Les registres aux comptes de nos villes flamandes sont, pour l'époque de la domination espagnole, une mine inépuisable. On y trouve des informations d'autant plus précieuses qu'elles sont authentiques et qu'elles viennent souvent renverser les systèmes historiques péniblement échafaudés par l'esprit de parti ou par la malveillance.

Dunkerque, le 24 Décembre 1860.

A. B.

1566.

Le sire de Licques (1), avec une bande de gens de pied, vient prendre garnison à Bergues. Il est remplacé par le seigneur de la Motte (2).

1568.

Le régiment du comte de Rœulx (3), en garnison à Dunkerque, dévaste le quartier d'Oostover (4).

1569.

Garnison. — La compagnie de chevau-légers de Don Aurelio Palermo, cavalerie espagnole, et celle d'Antonio Gonzaga (5).

(1) Philippe de Recourt, baron de Licques, seigneur de Boninghe, grand louvetier d'Artois, colonel d'un régiment wallon au service d'Espagne. Il mourut le Vendredi Saint 1588, après avoir été gouverneur de Harlem, en 1573, de Cambrai et du Cambrésis en 1576 et de Tournai en 1581.

(2) Valentin de Pardieu, seigneur de la Motte, puis d'Esquelbecq, grand-maître de l'artillerie espagnole. Il fut tué au siége de Doullens. Ce personnage est trop connu pour que j'aie à en parler ici.

(3) Jean de Croy, gouverneur de Tournai et de Flandre, mort en 1581, sans laisser de postérité de Marie de Recourt.

(4) Partie de la châtellenie de Bergues.

(5) Une note subséquente, mentionnant le même fait, indique la compagnie d'Octavio Gonzaga au lieu de celle d'Antonio.

J'ai rétabli les noms propres partout où cela m'a été possible. Lorsque j'ai douté, je me suis servi du point interrogatif.

1570.

8 Janvier. — La compagnie d'Octavio Gonzaga (1) quitte la ville de Bergues.

1571.

Pillages commis par la garnison de Gravelines.

1572.

La garnison de Gravelines et d'autres bandes de soldats qui traversent la châtellenie se livrent à des excès incroyables, principalement dans la partie des Quatre-Fossés.

1574.

28 Août. — Les deux compagnies de cavalerie italienne du capitaine Mutio Pagan, chevau-légers, et de Jean-Baptiste Del Monte entrent en garnison à Bergues. Elles se retirent le 28 Avril suivant.

La garnison de Gravelines continue ses dévastations.

1575.

14 Juin. — La compagnie de chevau-légers italiens, aux ordres de Don Pedro de Bustos, occupe la ville de Bergues jusqu'au 11 Août.

23 Août. — Une compagnie de gens de pied, du régiment haut-allemand d'Overstein, arrive à cette date. Elle est commandée par le capitaine Quetz.

1576.

La compagnie du capitaine Quetz continue à séjourner à Bergues, où se trouvent également une demi-compagnie de cavalerie espagnole du régiment de Don Fernando de Toledo (2), sous les ordres de Juan de Pouilles (?) et une demi-compagnie de gens de pied du capitaine Carondelet.

1577.

La garnison est composée de la compagnie de gens de pied du capitaine Meetkercke et de celle du capitaine Jerôme Lauweryn (3).

(1) Cet Octave de Gonzague, fils de Ferdinand vice-roi de Sicile sous Charles V, devint plus tard l'un des principaux lieutenants de D. Juan.

(2) Fernando de Toledo y Silva, fils de Federigo de Toledo, chevalier d'Alcantara et de Blanca de Silva. Il était de la famille du duc d'Albe.

(3) Vraisemblablement Jérôme Lauweryn ou Laurin, lieutenant-colonel au service d'Espagne, seigneur de Leeskens et Schoondycke, ou Jérôme

1578.

Le sire de Noyelles est placé dans le pays en qualité de gouverneur, pour s'opposer aux invasions des français. Il est autorisé à faire élever des fortifications à Mardick.

Mars. — La garnison de Gravelines et d'autres gens de guerre commettent de grandes exactions dans la châtellenie.

13 Avril. — La compagnie de Jacques Salet (1) se retire à Bourbourg.

Avril. — La compagnie de Jean de Meetkercke arrive en garnison à Bergues.

Septembre. — Oudart van Sommevelt, lieutenant-colonel de la bande (*vendel*) du seigneur de Ryhove (2), occupe cette ville, avec les capitaines Liévin de Vos, Mathieu van Sommevelt, Robert de Croix et Jacques vander Eynde.

2 Décembre. — Les députés des villes et châtellenies de Bergues, de Bourbourg et ceux de Dunkerque, prennent la résolution de ne point traiter avec le seigneur de la Motte, fondé de pouvoirs du roi d'Espagne, sans l'avis préalable des quatre membres de Flandre.

Un conseil de guerre est établi, cette année, dans la ville, pour l'expédition des affaires militaires. Il demeure en fonctions jusqu'à la soumission en 1583. On choisit aussi cinq capitaines des portes ou des bourgeois, avec autant de lieutenants, et un sergent-major des bourgeois.

1579.

Oudart van Sommevelt gouverne la ville avec les mêmes capitaines qu'en 1578.

son oncle, membre de la Société de St-Georges, à Bruges, en 1586. MM. Bergerot et Diegerick, qui le citent dans leur «Histoire d'Esquelbecq», p. 89, l'appellent à tort Laureyns, qui est le nom d'une autre famille. Je dois ajouter toutefois que ce nom a été souvent estropié, même par les contemporains.

(1) Jacques Salet ou Sallet, devenu gouverneur de Bourbourg, fut gagné au parti du roi par la Motte, en 1581. Voir MM. Bergerot et Diegerick, p. 115.

(2) François de la Kethulle, seigneur de Ryhove, joua dans les Flandres un rôle des plus importants. Par sa mère, une Deurnaghele, il se trouva parent de la plupart des nobles du West-quartier, tels que les Laurin, les Grysperre, les Bryaerde, que je retrouve aussi dans le parti du mouvement. Une étude sérieuse des rapports de famille qui existaient entre les principaux chefs des rebelles, fournirait, sur l'histoire de nos troubles religieux, des renseignements inattendus et nous donnerait la clef de bien des événements incompris. L'influence des liens de parenté doit avoir singulièrement aidé aux progrès du protestantisme.

Il est longtemps retenu prisonnier à Gravelines, avec Mathieu van Sommevelt, son père, et n'en revient que le 20 Juillet 1581 (1).

1580.

Février. — La compagnie de Ducellier quitte la ville.

28 Mai. — Bergues prête serment de fidélité au prince d'Orange et aux Etats-généraux.

Décembre. Le capitaine Assendelft commande toute la garnison (2).

1580-1581.

Oudart van Sommevelt continue à gouverner la ville avec Arnould de Langhe, *capitaine surintendant* de la garnison, Pierre de Grysperre (3), Henri van Assendelft, placé par l'amiral (4) en qualité de lieutenant des soldats, et les capitaines Cabillau et Duwelyck.

1581.

Août. — Jacques vander Eynde, lieutenant-colonel du régiment de Maximilien de Hornes (5), et Jacques van Assendelft, du même régiment, viennent en garnison à Bergues avec quatre compagnies de gens de pied. Vander Eynde commande.

Décembre. — Le capitaine Jean de Vos vient tenir garnison à Bergues.

1582.

Il se trouve à Bergues quatre compagnies de gens de pied sous la conduite des capitaines vander Eynde et

(1) Guillaume de Blois, dit Trelon, amiral de la mer et gouverneur de Dunkerque pour les réformés, dans une lettre qu'il écrit le 16 juillet 1580 à la Motte, gouverneur de Gravelines, parle d'une missive qu'il a reçue du capitaine *Zonevelt*, au sujet d'un échange de prisonniers. — MM. Bergerot et Diegerick, p. 387.

Ce capitaine, cité par Trélon, n'est autre qu'Oudart van Sommevelt, qui, prisonnier lui-même, était personnellement intéressé à un échange de ce genre.

(2) Sans doute pendant la détention d'Oudart van Sommevelt.

(3) Voir la note 2, p. 3.

(4) Guillaume de Blois, dit Trélon.

(5) Maximilien de Hornes, seigneur de Locres, second fils de Jean II de Hornes, comte de Baucignies, et de Marie de Sainte-Aldegonde Noircarmes, sa première femme. Il fut l'un des chefs du coup de main tenté pour enlever la Motte, à Bourbourg, en 1581. Voir MM. Bergerot et Diegerick, p. 115.

Assendelft, du régiment du Sr de Locres. Le capitaine Assendelft commande.

11 Juin. — La ville prête serment au duc d'Alençon.

Août. —Neuf compagnies françaises du régiment de gens de pied du colonel de Villeneuve (1), viennent, sous les ordres de celui-ci, relever le régiment de Locres. La ville doit, à grands frais, pourvoir les Français de beurre, de pain et de viande. Les deux compagnies de cavalerie du capitaine Block arrivent à la même époque.

1583.

Février. — Les deux compagnies de cavalerie du capitaine Block se trouvent encore en ville, mais elles se retirent avant la reddition de la place.

Quelques bourgeois notables conçoivent le projet de soumettre volontairement Bergues à l'autorité du roi catholique, et députent, à cette fin, le nommé Marc De Roo vers le sieur de la Motte, à Gravelines (2).

1er Septembre. — La ville est reçue à composition et des lettres de rémission lui sont envoyées par le duc de Parme. Jacques de Bryaerde (3), grand bailli, et Jacques Martins, *poort-meester* de la loi, sont envoyés comme ôtages au sieur de la Motte, campé à Quaedypre.

29 Septembre. — Réduction de la ville.

4 Octobre. — Le capitaine Villeneuve, gouverneur de Bergues, se retire avec ses neuf compagnies, en vertu de la capitulation accordée, au nom du duc de Parme, par les commissaires, qui étaient la Motte et le sire de Chassey (Benoît Charreton).

(1) Le Sr de Villeneuve, appartenant à la célèbre famille provençale de ce nom, avait embrassé le protestantisme. M. Guillaume de Villeneuve, colonel du 1er régiment d'infanterie néerlandaise est de cette maison.

(2) La démarche de Marc de Roo auprès de la Motte n'a pas été signalée par MM. Bergerot et Diegerick, qui ne disent rien du rôle joué par le lieutenant de Philippe II, dans la reddition de Bergues.

(3) Pour Jacques de Bryaerde, voir la « Généalogie de la famille de Bryaerde», dans les «Annales du Comité Flamand de France», t. IV; la «Liste des grands Baillis de Bergues», dans le t. V de la même publication et la note 2, p 3. »

17 Octobre. — La châtellenie donne au sieur de Villeneuve, commandant de la garnison française qui vient d'évacuer la ville, une somme de 27,000 florins.

Immédiatement après la soumission de la ville, des soldats de la Motte, gouverneur de Gravelines, viennent, sous les ordres du lieutenant de celui-ci, le capitaine la Cocquelle, tenir garnison à Bergues. Peu après, le capitaine Jean Siméon, lieutenant-colonel du régiment d'Aubigny, les remplace avec six compagnies sous ses ordres, et ceux des capitaines Martin, Estienne, Testu et Burchault. Secondé par sa troupe, Siméon commet de grands excès dans la ville et surtout dans la châtellenie; il abat les arbres, démolit les maisons et les étables, enlève les fourrages et pille les paysans qui fréquentent le marché.

1584.

Une compagnie de hauts-allemands vient, avec son capitaine, occuper la redoute construite à cette époque dans l'intérieur de la ville, sur la motte du château « by den Burchwalle ».

Le commandement de ce poste est, de 1584 à 1586, confié à Don Francisco Ruiz de Quinea (1).

29 Septembre. — On célèbre, par une procession générale et par un banquet auxquels assistent le magistrat et les notables, l'anniversaire de la réduction de la ville, du retour à l'obéissance de S. M. et du terme mis à la tyrannie de Villeneuve.

1586.

Décembre. — La demi-compagnie de chevau-légers du commandeur D. Juan Moreo (?) arrive dans la ville, sous les ordres du lieutenant D. Matheo Serrano.

1589.

Les garnisons de Dunkerque, de Gravelines, et surtout celle d'Oudenbourg qui ne touche point sa solde, se dispersent et se livrent à des exactions de tout genre dans la châtellenie de Bergues et le reste du West-Quartier.

(1) Ce capitaine est probablement celui qui arriva à Dunkerque en 1575. Voir M. Derode, « Hist. de Dunkerque », p. 50.

Le sieur de Balançon, gouverneur d'Oudenbourg, négocie avec les troupes, et les châtellenies fournissent les sommes destinées à les faire rentrer dans le devoir.

1593.

La châtellenie de Bergues est pillée par les soldats du capitaine Hautregard et par les autres troupes en garnison à Dunkerque.

1594.

Des Espagnols débandés, provenant de l'armée de Cambrai, commettent dans la châtellenie de nombreux actes de sauvagerie et de pillage.

Juillet. — Les soldats espagnols en garnison à Dunkerque se mutinent; ils mettent à contribution la châtellenie de Bergues et répandent partout la frayeur par leurs menaces de pillage et d'incendie.

Le vice-amiral comte de Waecken (1) vient se réfugier à Bergues, avec les capitaines et les autres officiers; aidé du seigneur de la Motte (2), il parvient à calmer les mutins qui avaient pénétré dans la ville. Le soulèvement est définitivement appaisé par D. Agostino d'Arrera, capitaine du château de Gand, député à cet effet. Les châtellenies de Bourbourg, Furnes, Bergues et Cassel avancent 24,000 fl. pour le paiement des troupes, à compter du mois d'Août 1594, jusqu'au mois d'Avril 1595, inclusivement.

1595.

Décembre. — Les troupes en garnison à Dunkerque et celles qui reviennent de l'armée campée devant Calais (3), se soulèvent et saccagent la châtellenie. On travaille avec activité aux fortifications, et principalement, à celles de la Berg-poorte et de la Blende-poorte.

(1) Antoine de Bourgogne, IVe du nom, vice-amiral de la mer, mort en Espagne. Il était fils d'Antoine, également vice-amiral de la mer et gouverneur de Zélande. Gabriel Chapuis, « Histoire générale de la guerre de Flandre », Paris, 1610, t. II, p. 247, parle de sa cruauté envers les pêcheurs hollandais.

Ce doit être à tort qu'on lui donne ici le titre de comte.

(2) Cette circonstance a également échappé aux biographes de la Motte.

(3) Les historiens de l'époque mentionnent ce soulèvement, sans préciser les dégâts commis par les soldats.

Mai et Juin. — Le capitaine Torres, avec une compagnie de gens de pied, est en garnison à Bergues.

1596.

Les dégâts occasionnés par l'armée qui assiége Calais et Ardres continuent. Parmi les pillards, on distingue les régiments de D. Antonio de Zuniga (1), de D. Luiz de Velasco (2) et de D. Carlos de Sangro. La châtellenie est complètement dévastée.

18 Juin. — Le cardinal Albert d'Autriche, nouvellement choisi comme gouverneur général des Pays-Bas, fait son entrée à Bergues. On lui présente une pièce de vin rouge du prix de 457 *L.* et l'on donne à six trompettes 12 *L.*, à douze laquais (*sic*) et à douze hallebardiers 48 *L.*

1600.

L'ennemi, méditant un coup de main sur Bergues et sur Furnes, on prend six cents bourgeois (*Ceurlingen*) pour défendre les ponts ainsi que les passages, et secourir les habitants du Veurne-ambacht.

On achète toute espèce de munitions de guerre pour la défense de la ville de Bergues.

1601-1602.

Les soldats du fort de Ste-Isabelle ou Elisabeth, près d'Ostende, qui ne touchent pas leur solde « *altereerde* » se mutinent et se refugient à Bergues au mois d'Août 1601. L'été suivant, ils forment le projet de mettre le feu à la ville et de se sauver en emmenant les principaux habitants. Cette conspiration est découverte par Jean de Hondt, échevin, qui reçoit pour récompense une somme de 372 *L.* Les rebelles

(1) Cet Antonio de Zuniga était sans doute Antonio de Solomayor y Zuniga, marquis d'Ayamonte, grand-père du marquis d'Ayamonte, compromis avec le duc de Medina, dans la révolution de Portugal en 1640. Il était le quatrième fils de Francisco de Sotomayor, comte de Belalcazar, et de Tereza de Zuniga y Gusman, duchesse de Bejar.

(2) Mon honorable ami, M. J. J. Carlier a publié dans les « Mémoires de la Société Dunkerquoise », t. I. p. 52, une intéressante étude sur un fait concernant D. Luiz de Velasco, devenu plus tard grand maître de l'artillerie espagnole. L'auteur rencontre son héros, pour la première fois, au siège de Hulst qui n'eut lieu qu'après celui de Calais.

quittent la ville en Septembre 1602, sous le commandement du sieur de Blangerval (1).

1604-1605.

Le seigneur de Geulsin, sergent-major de la ville et du terce du mestre de camp Felipe de Torres(?) se trouve en garnison à Bergues ; il quitte cette ville avant le mois de Juin 1605.

Jacques de Rave remplit les fonctions de sergent-major des bourgeois en l'absence de garnison.

1605.

Décembre. — Trois compagnies espagnoles du terce de Don Pedro de Sarmiento, précédemment établies dans la châtellenie, viennent prendre garnison en ville; le reste du régiment est à Furnes. Elles se retirent au bout de six semaines.

1607.

Juin. — Deux compagnies de cavalerie du terce, ou régiment de Simon Anths (Antoine?) mestre de camp (celle du mestre de camp et celle de D. Juan de Meneses) (2), viennent à Bergues où elles restent jusqu'au mois d'Août 1609. Elles se rendent alors à Dunkerque.

1620-1621.

Les compagnies des capitaines Belquin et Sarmiento, en garnison à Bergues, quittent cette ville.

1621-1622.

La ville est confiée aux bourgeois qui montent la garde.

1624.

5 Janvier. — Placard du roi d'Espagne instituant à Bergues une chambre ou siége d'amirauté, sous la juridiction de laquelle sont placés et équipés tous les navires de guerre, tant de la châtellenie, que des autres pays soumis à l'obéissance de Sa Majesté. Peu de temps après, cette chambre est transférée à Dunkerque.

(1) Philippe du Chastel, seigneur de Blangerval, membre du conseil de guerre, gouverneur du château de Lille et gentilhomme de la bouche en 1574. Il devint gouverneur et grand bailli d'Audenaerde en 1607.

(2) Juan de Meneses, portugais, chevalier de Saint-Jacques, et mestre

1625.

Septembre. — Trois compagnies du régiment du comte de Hennin (1), sous les ordres du capitaine Siméon, avec le sieur de Neufvillers pour sergent-major, arrivent à Bergues, et se retirent en Décembre. Les bourgeois montent alors la garde.

Pendant l'été, les marins de l'Armada, stationnée à Dunkerque, se livrent à de grandes violences dans la châtellenie.

1626-1627.

Paul Mannaert et Maître Jacques Van Cappel (2), remplissent les fonctions de sergents-majors des bourgeois; le premier, jusqu'en Octobre 1626; le second, jusqu'en Mai 1627, date à laquelle la ville le congédie.

Les bourgeois sont commandés par six capitaines et six lieutenants.

Le régiment du duc de Bournonville, avec Neufvillers pour sergent-major, tient garnison à Bergues en 1626, et quitte la ville peu de temps après. Il est remplacé, en Mai, par la compagnie colonelle du régiment de Hennin, aux ordres du même Neufvillers (3). Cette troupe se retire en Mars 1627, mais le sergent-major ne s'en va qu'au mois d'Août.

1628.

Mai. — La compagnie de cuirassiers du capitaine Camargo (4) se trouve en garnison à Bergues pendant quelque temps.

de camp au service d'Espagne, selon Gabriel Chapuis, ouvrage cité, II, p. 280. Paris 1610.

(1) Alexandre de Bournonville, comte de Hennin-Liétard, vicomte de Barlin, baron de Houllefort, seigneur de Capres, chevalier de l'ordre de la Toison d'Or, colonel d'un régiment d'infanterie wallonne, gouverneur de Lille, Douai et Orchies. Il est mort à Lyon en 1656, à l'âge de 70 ans et avait été créé duc et pair de Bournonville par Henri IV, en 1600.

(2) Il avait été échevin en 1622.

(3) Le comte de Hennin et le duc de Bournonville ne formant qu'un seul personnage, il ne s'agit évidemment ici que de fractions du même régiment.

(4) La famille Cupis de Camargo, d'origine romaine, était habituée en Flandre où elle a joué un certain rôle. Si je ne devais être bref, je reproduirais volontiers la note dans laquelle M. Borel d'Hauterive a résumé l'histoire de cette maison, dans son « Annuaire de la noblesse », 1854, p. 374. Elle avait relevé le nom de Camargo par suite de mariage avec l'héritière de la famille espagnole de ce nom.

1629.

Janvier. — Le sergent-major Cattrice (1) s'établit en ville jusqu'en Mars.

Mars. — Trois compagnies irlandaises du régiment de Tyrone (2), logent à Bergues, sous le commandement de D. Eugenio O'Neill, sergent-major ; elles partent en Juin.

Mai. — La compagnie de Camargo reste à Bergues depuis cette époque jusqu'au 2 Août.

Décembre. — Cattrice, sergent-major du régiment du comte de Waecken (3), vient en garnison avec quelques compagnies, mais il se retire peu après.

1630.

Mars. — Deux compagnies du régiment irlandais du comte de Tyrone tiennent garnison à Bergues, sous les ordres d'un sergent-major.

Mai. — Après elles, vient une compagnie de cavalerie de D. Felipe Alberto de Velasco (4).

(1) Le grade de sergent-major, alors bien différent de ce qu'il est aujourd'hui, répondait à ce que l'on nomme dans l'armée française le major ; peut-être même pourrait-il être assimilé au lieutenant-colonel. Au XVIIe siècle, on voit souvent l'un ou l'autre titre portés indifféremment par le même individu. Ce Cattrice devait s'appeler, selon les historiens du temps, Cattriccio, et être parent de celui qui fut tué en 1601.

(2) Bryan O'Neill, comte de Tyrone après son frère Henri, qui avait été assassiné, à Bruxelles, en 1620. Entré en 1616, au service de l'Espagne, où il devint colonel, il se disposait à se mettre à la tête des confédérés d'Irlande, lorsqu'il fut tué, le 27 Janvier 1641, à San Feliu, en Catalogne. Il ne laissa pas de postérité légitime. La famille O'Neill, d'origine milésienne, compte encore aujourd'hui en France des représentants. Voir M. Borel d'Hauterive, « Annuaire de la noblesse », 1859, p. 247.

(3) Charles de Bourgogne, seigneur puis baron et comte de Waecken, fils d'Antoine, déjà mentionné, fut chevalier de l'ordre militaire de Saint-Jacques, grand Bailli de Gand en 1618, capitaine d'une compagnie de lanciers à cheval, puis colonel d'un régiment wallon de vingt compagnies et lieutenant-général de l'armée navale de Flandre, à Dunkerque. Il mourut en 1631. Notons en passant, avec M. Derode, qu'il figure au nombre des bienfaiteurs de l'église Saint-Eloi dans la même ville.

(4) Felipe Alberto de Velasco, d'abord chanoine de Cambrai et archidiacre de Valenciennes, résigna ses fonctions ecclésiastiques en 1622. M. Le Glay, « Recherches sur l'église métropolitaine de Cambrai », p. 115. — Carpentier, « Hist. de Cambrai », t. 1, 2e partie, p. 479.

Juin. — Trois compagnies irlandaises du régiment de Tyrone, sous D. Eugenio O'Neill, se trouvent à Bergues. Puis, après cela, vient le mestre de camp D. Juan Vasquez Coronado, avec trois compagnies de son terce. Cette troupe est dans la ville en Août et en Décembre 1630 ainsi qu'en Mai 1631.

Juin. — Une compagnie de cavalerie, commandée par D. Fernando Gonzales de Albeda se tient à Bergues; on l'y retrouve en Août, Novembre et Décembre, avec une compagnie irlandaise aux ordres du capitaine Hugh O'Brien.

1631.

Avril. — Trois compagnies espagnoles sont établies à Bergues.

A cette époque, les garnisons se modifient fréquemment; les compagnies d'un régiment alternent avec celles d'un autre.

Août. — Jusqu'en Décembre, la ville est occupée par la compagnie de gens de pied du capitaine Pierre de Maulde, seigneur de Verbois.

Décembre. — La compagnie de chevaux de D. Bernardino Serbellon (1) se trouve à Bergues, où elle reste jusqu'en Janvier suivant.

1632.

Décembre. — Six compagnies irlandaises du comte de Tyrone composent la garnison de la ville, où elles étaient arrivées en Novembre. Le sergent-major, D. Eugenio O'Neill, quitte Bergues en Mars 1633.

1633.

1er Avril. — Le marquis d'Aytona(2), gouverneur-général, fait son entrée à Bergues.

Septembre. — Quatre compagnies du régiment irlandais de D. Eugenio O'Neill sont logées en ville, sous les ordres du capitaine D. Juan Flamingo (John Fleming ?)

(1) La famille Serbellon, d'origine italienne, est l'une de celles dont le nom se retrouve le plus souvent dans l'armée espagnole des Pays-Bas, surtout, depuis Gabriele Serbellon, célèbre ingénieur qui, en 1571, construisit la citadelle d'Anvers.

(2) Don Francisco de Moncada, marquis d'Aytona, se distingua à la fois dans les lettres et dans les armes. Il est l'auteur d'un ouvrage estimé,

Décembre. — Garnison : Dix compagnies irlandaises que l'on retrouve dans la ville au mois d'Avril 1634.

1634.

Don Francisco de Huniga (Zuniga ?), commandant le fort de Schurken (?), est remplacé par Don André de Prada (?).

1635.

Avril. — La garnison se compose encore de quelques compagnies irlandaises de D. Eugenio O'Neill, aux ordres du même capitaine Flamingo. On les retrouve en ville depuis Novembre 1634, jusqu'en Avril 1635.

1637.

Novembre. — Le gouverneur général fait son entrée à Bergues, en compagnie des marquis de Mirabel, d'Este, et de Doreny (?), ainsi que du comte de Fuentes.

Décembre. — D. Carlo Guasco, mestre de camp, tient garnison dans la ville avec son régiment italien, jusqu'en Mai 1638.

1638.

Septembre. — Garnison : Trois compagnies du même régiment ; jusqu'en Mai 1639.

1641-1642.

Le régiment italien du mestre de camp Carlo Guasco est en garnison à Bergues.

1643.

Décembre. — Le baron de Courcelles, avec sa compagnie de cavalerie, se tient dans cette ville. Il y reste jusqu'au mois de Mai suivant.

1644.

On répare les fortifications.

Août. — La compagnie du capitaine Caravachal (Carvajal?) arrive à Bergues ; elle se retire en Novembre.

1er Décembre. — Huit compagnies du régiment du comte de Linares restent dans la ville jusqu'en Mai 1645.

Cette année, la châtellenie est complètement dévastée par

Espedicion de los Catalanes contra Turcos y Gregios,
Cet ouvrage a été consulté avec fruit par notre savant du Cange et par tous ceux qui se sont occupés de l'histoire byzantine.

les gens de guerre, tant des armées du roi d'Espagne et du duc de Lorraine, que du roi de France. Une grande partie des terres ne sont point ensemencées et le produit de l'impôt envoyé au gouvernement (*uytsend*) n'est plus que de 112,000 *L.*, au lieu de 330,000. Les paroisses les plus ravagées sont celles au-delà des Quatre Fossés, et celles de Wormhout, d'Ekelsbeke, de Ledringhem, de Steene, de Bierne et de Pitgam, qui sont dispensées de payer l'impôt. On diminue la quote part des autres proportionnellement à ce qu'elles ont souffert.

1645.

1er Décembre. — Le commandant de la garnison est D. Domingo Moreno, qui remplit également ces fonctions, à partir du 12 Juillet 1646, jusqu'au 1er Août suivant.

Le comte de Saint-Amour (1) est en ville avec son régiment, jusqu'à la reddition aux Français.

La châtellenie est vague et dépeuplée, par suite des exactions des troupes. Les habitants se sauvent; les bestiaux, les grains et les autres fruits de la terre sont enlevés; la majeure partie des maisons, des granges et des étables sont démolies. L'*uytsend* n'a pas lieu cette année, à cause de cela, non plus que l'année suivante.

1646.

Comme l'année précédente, la châtellenie est veuve de ses habitants et les terres demeurent incultes.

1er Août. — D. Domingo Moreno est commandant de la garnison espagnole composée du régiment de Saint-Amour. La ville se rend par capitulation au duc d'Orléans, après un siége de quatre jours.

On donne 100 *L.* par mois à du Tot, sergent-major de la garnison française, pour ses *ustensiles* « voor syne ustencilen ».

M. de Belloy est nommé lieutenant de roi.

Le régiment de Piémont, et quelques compagnies de celui de Rantzau, cavalerie, ainsi que du régiment de Jonzac, composent la garnison.

Le maréchal de Rantzau (2), gouverneur de Dunkerque

(1) Gentilhomme franc-comtois, de la maison de la Baume.

(2) Josias, comte de Rantzau, né en Holstein, servit d'abord les Suédois, et passa en France vers 1635. Il mourut en 1650.

et de Gravelines, est en même temps gouverneur de Bergues.

1647.

Octobre. — L'état-major n'a pas subi de modification et la garnison se compose du régiment de Piémont, auquel succède celui de Rantzau, cavalerie allemande, qui se retire après un court séjour dans la ville.

1648.

1er Octobre. — M. du Val est nommé capitaine des portes; il exerce jusqu'au mois de Novembre 1649.

1649.

Mars. — Le comte d'Estrades (1) remplace le maréchal de Rantzau comme gouverneur (2).

1er Avril. — M. de la Touche est préposé aux munitions de guerre, jusqu'au 1er Avril suivant.

27 Novembre. — Le sieur du Tot, sergent-major, qui remplit l'office de major de la place, cesse ses fonctions; il a pour successeur M. de la Penyde (?), capitaine commandant du régiment de Flandre, qui vient le lendemain tenir garnison à Bergues, où il reste jusqu'au 3 Juillet 1650.

31 Octobre. — M. Seignac, aide-major de la place, est remplacé par M. Lamiable, qui exerce jusqu'au mois de Juillet 1650.

Mi-Novembre. — M. du Buisson succède à M. du Val, comme capitaine des portes, et reste en fonctions, jusqu'au 31 Mai. M. Deschamps est, dans les années 1649 et 1650, commissaire aux fortifications.

1650-1651.

Le régiment de Douglas tient garnison à Bergues.

(1) Godefroid, comte d'Estrades, maréchal de France, gouverneur de Dunkerque, etc., vice-roi d'Amérique, mort en 1686.

(2) Après l'emprisonnement de ce dernier, sur la fidélité duquel on avait conçu des soupçons.

1651.

27 Septembre. (1) — Bergues, assiégé par les Espagnols, aux ordres du marquis de Sfondrati (2), retourne sous la domination du roi catholique. Le commandant français, M. de Belloy, se retire avec la garnison, composée des régiments de la Trémouille (3), de Noirmoutiers (4), d'Estrades, de Douglas, de Flandre et de Molendin (5).

Les troupes espagnoles qui leur succèdent, sont les régiments du comte de Meghen et d'Antonio Pimentel, et deux compagnies de cavalerie du sieur de Stoppelaer. Le régiment de Solis les suit de près, avec son sergent-major D. Pedro de Sampaya (?) qui commande à Bergues avec le même grade.

29 Septembre. — Le capitaine D. Mario Gayaffa (6) vient avec sa compagnie de cavalerie et se retire au mois d'Avril 1652.

1652.

D. Fernando de Solis (7), gouverneur, se rend à l'armée,

(1) Trois notes différentes, dans les manuscrits consultés portent trois différentes dates, 17, 27 Septembre et 12 Décembre. Cette dernière doit être éliminée, comme évidemment fausse; quant à la première, je la crois prématurée. M. De Baecker dans ses « Recherches historiques sur la ville de Bergues », p. 101, indique le 4 octobre, comme étant le jour de la capitulation, ce qui ne s'accorde pas avec la présence du capitaine Gayaffa dans cette ville, le 29 du mois précédent.

(2) Sigismond Sfondrati, marquis de Montafié, chevalier de la Toison d'or, lieutenant-général de la cavalerie légère, capitaine général de l'artillerie et surintendant des gens de guerre aux Pays-Bas.

(3) Son propriétaire était Louis de la Trémouille, créé duc de Noirmoutiers, par lettres du Roi, en date du mois de Mars 1650; ce seigneur part à la guerre de Flandre dans l'armée du duc d'Orléans en 1646 et mourut en 1666.

(4) Ce régiment était à Henri de la Trémouille, duc et pair de France, prince de Talmont et comte de Laval, né en 1599, mort en 1674.

(5) Le régiment de Molendin était suisse; je présume que celui de Flandre était composé de flamands et que celui de Douglas était anglais. L'armée française des Pays-Bas formait alors une véritable mosaïque; on y voyait encore aussi le régiment polonais de Chabrée, le régiment allemand de Rantzau et le régiment de Piémont. Le nom de Douglas apparaît à diverses reprises dans l'histoire des guerres des Pays-Bas. M. Piers dans ses « Variétés historiques » sur Saint-Omer, nous a conservé le souvenir du duel soutenu, au commencement du XVIIe siècle, par un Douglas attaché au service d'Espagne.

(6) Ce Gayaffa était d'origine italienne; sa postérité s'établit aux Pays-Bas, où l'on retrouve ses descendants au siècle passé.

(7) Il avait été gouverneur de Dunkerque en 1645.

avec son régiment, par ordre du gouverneur-général en date du 15 Avril 1652.

D. Donato Alemanni (1), précédemment arrivé avec son régiment, est nommé gouverneur en l'absence de Solis.

1653.

Janvier. — Le régiment du colonel D. Juan de Monroy, prend ses quartiers d'hiver dans la ville et la châtellenie, avec le sieur Colignon pour sergent-major. Au mois de Juin suivant, on le retrouve établi dans la châtellenie, ainsi que les compagnies de cavalerie de D. Mario Gayaffa et du seigneur d'Arquennes.

Décembre. — En considération des logements accordés aux gens de guerre et des pionniers fournis par la ville et la châtellenie de Bergues, il leur est fait, moyennant le paiement de quatre mille florins, remise de leur quote part dans les subsides votés par les quatre membres de Flandre.

1655.

Juillet. — Les châtellenies du West-quartier envoient pour la défense de la Lys, entre Armentières et Saint-Venant, mille hommes armés.

Octobre. — Les quatre membres de Flandre, indépendamment des subsides en argent, consentent à armer et à équiper six cents hommes aux frais de la province. Ces milices sont licenciées en Décembre.

Novembre. — Pendant le cours de ce mois, la ville de Bergues donne asile aux paysans du Hainaut, à leurs familles et aux bestiaux qu'ils emmènent (2).

1656.

Don Hurtado y Mendoza, avec son régiment espagnol, tient garnison pendant environ six mois.

1657.

Janvier. — Dix compagnies du régiment de D. Gaspar

(1) Donato Alemanni, colonel au service d'Espagne, et membre du conseil de guerre, mort en 1676.

(2) 219 chevaux, 734 vaches, 1,533 moutons et 150 porcs. Ce fait est également rapporté par M. De Baecker, ouvrage cité, p. 101.

Bonifas (1) en garnison à Bergues, commettent de grands excès dans la ville. Le sire de Steenbourg (2), est tué d'un coup de mousquet, ainsi qu'un nommé Jean Galio.

5 Février. — Quinze compagnies du régiment de Bonifas arrivent à Bergues où elles restent jusqu'au 1er Juin suivant.

Septembre. — Le sieur d'Altouna commande dans la ville jusqu'en Janvier 1658.

La cavalerie du colonel Alvarado y Bracamonte (3) est en garnison à Bergues, où elle reste jusqu'à la capitulation.

1658.

Le lieutenant-colonel Massillon commande la garnison consistant dans les régiments de Nassau, du comte d'Isenbourg et du baron de Berloo, qui arrivent à Bergues en Janvier, et qui y restent jusqu'à la capitulation.

13 Mars. — Le mestre de camp Jean Mollin de Bernaulx est nommé commandant de la ville.

1er Juillet. — Bergues se rend aux Français. Le comte de Schomberg (4) est nommé gouverneur de la place pour la France.

1659-1660.

La garnison française se compose des régiments de Mauléon, cavalerie, de Schomberg, de Maras?, de Muce?.

1660.

3 Mars. — En vertu du traité des Pyrénées, conclu le 7 Novembre précédent, le comte de Schomberg quitte Bergues, avec la garnison, et les Espagnols y rentrent, sous le comman-

(1) J'ai vu écrire ailleurs Boniface.

(2) Vigoureux-François Le Vaillant, seigneur de Thil et de Steenbourg, premier échevin de la ville et de la châtellenie.

(3) En 1635, il avait été gouverneur intérimaire de Dunkerque.

(4) Fréderic-Armand, comte de Schomberg, maréchal de France, duc et grand de Portugal, puis gouverneur de Prusse, ministre d'état de l'électeur de Brandebourg et généralissime de ses armées, duc et pair d'Angleterre, chevalier de la Jarretière. Cet illustre aventurier quitta le service de France à la suite de la révocation de l'édit de Nantes, et fut tué à la bataille de la Boyne, en 1690.

dement de Fariaux (1) mestre de camp d'un régiment wallon.

Garnison espagnole: le régiment wallon de Fariaux, le régiment espagnol de Don Diego de Goegnies, qui se retire en 1661, celui du comte de Colmenar; avec le baron de Wanghen (2) comme gouverneur; jusqu'à l'arrivée de celui-ci, le 12 Avril, la ville est commandée par Fariaux.

1661.

La garnison se compose des régiments de Fariaux et de Colmenar.

Janvier. Le régiment de Toledo y Portugal sort de Bergues.

Mai. — La garnison est renforcée par les terces d'infanterie du comte de Gamerage(3), du prince de Robecq (4), et du sieur de Bassecourt (5).

17 Août. — Le mestre de camp Fariaux, suivi de son major et de quelques officiers, se livre aux dernières violences sur la personne du bourgmestre (6), qu'il accable de coups de canne et d'épée. A la suite de cette incartade, des plaintes sont adressées au gouvernement, qui envoie le principal coupable au château de Gand; les autres officiers sont punis.

(1) Il y avait, à cette époque, plusieurs officiers de ce nom dans l'armée espagnole. Jacques, l'un d'eux, fut gouverneur d'Ath; je ne crois pas que ce soit celui qui commanda à Bergues.

(2) Antoine vander Gracht, baron de Wanghen, pair du comté de Namur, membre du conseil de guerre et sergent-général de bataille des armées du roi catholique. Il fut successivement gouverneur d'Avesnes, de Bergues, d'Ypres et de Charlemont. Voir, ma « Notice sur les grands baillis de la ville de Bergues » dans le t. V des Annales du Comité Flamand de France.

(3) C'était probablement Albert Richardot, comte de Gamarage, prince de Steenhuyse et baron de Lembeke.

(4) Eugène de Montmorency, prince de Robecq, marquis de Morbeque, comte d'Estaires, baron d'Haveskercke, etc., chevalier de la Toison d'or, mort en 1683.

(5) Le sieur de Bassecourt, sergent-général de bataille et l'un des meilleurs officiers de l'armée espagnole, était artésien. Il avait défendu Dunkerque en 1658, contre Turenne, après la mort du marquis de Lede.

(6) Il devait être de la famille Boudens, des seigneurs de Burg ou Bourg. Si je ne me trompe, un de ses descendants, Charles Vander Bourg, ancien officier de marine, qui remplit à Paris, l'office de Censeur sous la Restauration, devint membre de l'Académie des Inscriptions et s'occupa beaucoup de la littérature du moyen-âge. Entre autres ouvrages qui lui durent le jour, il faut compter son édition des poésies de Clotilde de Surville. On me permettra cette petite digression en faveur de la pensée toute patriotique et toute locale qui l'a inspirée.

1662.

Janvier. — Le régiment de Fariaux se retire.

Mars. -- Six compagnies du régiment du comte de Colmenar sont en garnison à Bergues.

Juillet. — La moitié (1) du régiment du colonel don Jose Manriques, arrivée en Janvier et le régiment du seigneur de Raches (2) ainsi que six compagnies du régiment de Monroy sont établies dans la ville.

Celui de D. Pedro de Saval est logé dans la châtellenie.

1663-1665.

La garnison est composée de la moitié du régiment réformé de Manriques et du régiment du marquis de Monroy arrivé en Octobre 1663.

1665.

Les régiments de Manriques et de Raches avec quelques compagnies de gens de pied, forment la garnison de Bergues. Ils sont relevés en Mai 1666, par le terce d'infanterie du duc d'Havré (3).

1666.

Juin. — Les compagnies de cavalerie du marquis de Melin (4) et du senor Salinas (5) sont remplacées à Bergues par celle de D. Antonio de Cordua (Cordova ?).

1667.

Février. — Le régiment d'Havré se retire; il est remplacé par le terce du mestre de camp D. Bernardo Caraffa et la garnison ne subit, jusqu'à la capitulation, d'autre modification

(1) L'autre moitié était à Furnes.

(2) Philippe de Bergues Saint-Winoc, baron de Zetrude, seigneur de Rache et de Boubers. Il avait porté la bannière d'Artois à la pompe funèbre de l'archiduc Albert.

(3) Ferdinand-Philippe de Croy, duc d'Havré et de Croy, prince et maréchal de l'empire, grand d'Espagne, chevalier de la Toison d'or et colonel d'un régiment wallon. Il était né en 1644 et mourut en 1674.

(4) Philibert de Sotomayor Manoel Benavides y Guevarra, marquis de Melin, seigneur de Villabuena et de Doenhout.

(5) Le nom de Salinas se rencontre fréquemment dans les guerres de Flandre. Fernando Salinas était commissaire général de la flotte à Dunkerque, en 1594, suivant Faulconnier, « Descrip. hist. de Dunkerque », t. 1.

que le retour de la compagnie de cavalerie de D. Bernardo Salinas.

1667.

5 Juin. — La ville se rend aux Français.

La garnison espagnole, aux ordres du baron de Wanghen, est conduite à Ypres et à Furnes.

1668.

La garnison française se compose du régiment de cavalerie du comte de Montauban, du régiment de Sault (1), infanterie, arrivé en Octobre et des régiments de cavalerie de Tury et de Canaples (2).

2 Mai. — La paix est conclue à Aix-la-Chapelle : suivant les articles 3 et 4 du traité, la ville de Bergues et sa châtellenie sont cédées aux Français (3).

(1) Du nom de François de Blanchefort dit de Créquy ou de Bonne, comte de Sault et depuis duc de Lesdiguières ; le même dont il est question dans la IVe épître de Boileau.

(2) Le régiment de Canaples appartenait à Alphonse de Blanchefort de Créquy, qui hérita du duché de Lesdiguières après la mort de son parent sus-nommé.

(3) J'ai vainement cherché à établir la position officielle de chacun des personnages mentionnés dans les pages que l'on vient de lire ; les chroniques et les historiens contemporains tels que Chapuis, Strada et Bentivoglio, ne m'ont pour ainsi dire rien fourni ; en revanche, j'ai été plus heureux en consultant les ouvrages généalogiques : c'est là que j'ai trouvé les éléments de la plupart des notes jointes au présent travail.

Dunkerque. — Typ. d'Hubert, rue Neuve, 44.

www.ingramcontent.com/pod-product-compliance
Ingram Content Group UK Ltd.
Pitfield, Milton Keynes, MK11 3LW, UK
UKHW012129240726
13965UKWH00005B/2072

9 782013 073349